シニアの1，2分間

運動不足解消体操50

斎藤道雄 著

いち にい さん
しい
ごお

黎明書房

はじめに

楽しんで運動不足解消！

この本は，新型コロナによる外出自粛や三密（密閉，密集，密接）を避ける必要から，運動不足に陥りやすいシニアのための，誰にでもカンタンにできる楽しい体操の本です。

自己紹介します。ぼくの仕事は体操のインストラクターです。仕事の現場の一つに特養（特別養護老人ホーム）があります。特養は，要介護レベルのシニアの方々が利用する介護施設です。

参加者の大多数は，車いす，片麻痺，認知症，目や耳が不自由など。心身レベル（気力，体力，意欲）が著しく低下しています。

そこでの最大の問題は，「どうしたら体操してくれるのだろう？」ということ。そこで，発想をこう変えてみました。

「どうしたら体を動かしたくなるのだろう？」

その結果，驚くほどシンプルな結論にたどり着いたのです。それは，

「体操は，楽しんでする！」

人は楽しければ自然に体が動くし，楽しくなければ動きません。**シニアも楽しければ体操してくれるし，楽しくなければ体操してくれません。**

ぼくの体操を見た現場スタッフの方は，こう言って驚きます。

「カンタンな体操なのに，楽しい！」

「カンタンな体操は楽しくない。楽しくないけれど，健康のために体操する」現場スタッフの方々は，こう思っていたようです。

でも，ぼくの考えは違います。**体操そのものを楽しむ**。**その結果が健康です**。（※前者は目的が健康，後者は結果が健康。順番が違います）

この本を読んで，楽しく体を動かして運動不足を解消しましょう！

この本の９つの特長

1　シニアご本人，介護施設の現場スタッフの方が主な対象です。

2　とても簡単でやさしい体操です。

3　道具，準備一切不要です。

4　全ての体操が椅子に腰かけたままで出来ます。

5　体操の種類が豊富です。

6　簡単に日替わりメニューが出来ます。

7　体操の説明が簡潔でとてもわかりやすい。

8　一回の説明につき，動作はひとつだけ。（詳細は 31 ページのコラム２参照）

9　体操支援者のための「支援者におススメの言葉がけ！」があります。（詳細は 20 ページのコラム１参照）

この本の使い方

1　その日の気分や体調に合わせて，メニューを差し替えてください！
2　ご自分だけの日替わりメニューが出来ます！
3　無理は禁物。1日1回からでもオッケーです！

1日のメニュー（例）		
おススメ **朝** メニュー	眠っている頭と体を起こしましょう！ **弓矢のポーズ→ 35 ページ**	
おススメ **昼** メニュー	気分をリフレッシュしましょう！ **こんにゃくのポーズ→ 21 ページ**	
おススメ **夜** メニュー	1日の疲れをとりましょう！ **瞑想のポーズ→ 30 ページ**	

もくじ

※○の中の数字はページ数です。

Ⅰ　リフレッシュ

Ⅱ　リラックス

Ⅲ　整える

つま先アップ！	閉眼(へいがん)片足立ち	最強のポーズ	最高にいい顔で！

三角のポーズ	きのこのポーズ	水平線のポーズ	折りたたみ股関節(こかんせつ)

かかとアップ！	足首回し	お尻ストレッチ	腕・肩押し出し

Ⅳ　力をつける

とじて足ぶみ	ひらいて足ぶみ	最伸のパー	全開のチョキ

❶ ガッツポーズ

拳(こぶし)を空に突き上げて最高にいい顔をする体操です。

ねらいときぎめ　腕・肩のストレッチ　意欲増進　握力アップ

すすめかた

① 足を肩幅にひらきます。
② 両手を胸の前でグーにします。
③ 片手を上に持ち上げます。
④ 拳を空に突き上げるように。
⑤ あごを上げて目線は上に。
⑥ **自分の中で最高にいい顔をして。**
⑦ 声を出して５つかぞえます。

支援者におススメの言葉がけ！

「いい顔をして」より，⑥「自分の中で最高にいい顔をして」と言いましょう！

② きをつけのポーズ

ひざを閉じて背筋がピンと伸びる体操です。

ねらいとききめ 胸のストレッチ 姿勢保持 脚筋力維持

すすめかた

① 足とひざを閉じます。
② 両手をひざに置きます。
③ 胸を張ります。
④ **胸を真上に持ち上げます。**
⑤ 元気に声を出して5つかぞえます。

支援者におススメの言葉がけ！

③「胸を張ります」のあとに，④「胸を真上に持ち上げます」と言いましょう！

❸ カラダしぼり

背筋を伸ばして後ろを振り返る体操です。

ねらいとききめ　柔軟性維持　体側のストレッチ　血行促進

すすめかた

① 足を肩幅にひらきます。
② 左手を右ひざに置きます。
③ 右手は腰（お尻の上）に。
④ **頭→胸→おへその順にゆっくり後ろを振り返ります。**
⑤ 胸を張ります。
⑥ 胸を真上に持ち上げます。
⑦ 声を出して５つかぞえます。
⑧ 一休みしてから反対側も。

支援者におススメの言葉がけ！

④「頭→胸→おへその順にゆっくり後ろを振り返ります」と言うことで，ゆっくりていねいに動作します。

④ ペンギンのポーズ

胸を張って手のひらを下にする体操です。

ねらいとききめ　姿勢保持　腕力強化　腕・肩のストレッチ

すすめかた

① 足を肩幅にひらきます。
② 両手腕を体の横にします。
③ 手のひらを下にします。
④ 胸を張ります。
⑤ **胸を前に突き出します。**
⑥ 声を出して５つかぞえます。

支援者におススメの言葉がけ！

⑤「胸を前に突き出します」と言うことで，胸が大きく開きます。

❺ やすめのポーズ

胸を張って足を肩幅にひらく体操です。

ねらいとききめ　胸のストレッチ　姿勢保持　肩の柔軟性維持

すすめかた

① 足を肩幅にひらきます。
② 両手を後ろにして，手首をつかみます。
③ 胸を張ります。
④ **胸を前へ突き出します。**
⑤ そのままで元気に声を出して５つかぞえます。

支援者におススメの言葉がけ！

③「胸を張ります」のあとに，④「胸を前へ突き出します」と言いましょう！

⑥ ライオンのポーズ

口と手を出来る限りひらく体操です。

ねらいとききめ 手先の器用さ維持 顔の体操 表情づくり

すすめかた

① 足を肩幅にひらきます。
② 両手を胸の前でパーにします。
③ 口をあけます。
④ **全部の指と口を出来る限りひらきます。**
⑤ 元気に「ガオー！」と声を出します。

支援者におススメの言葉がけ！

「指と口をひらきます」より，④「全部の指と口を出来る限りひらきます」と言いましょう！

❼ 若返りのポーズ

両手を腰に置いて胸を張って深呼吸する体操です。

ねらいとききめ　姿勢保持　胸のストレッチ　いい気分

すすめかた

① 足を肩幅にひらきます。
② 両手を腰に置きます。
③ 胸を張ります。
④ 胸を真上に持ち上げます。
⑤ 鼻から息を吸い込みます。
⑥ **真上に吸い上げるようにします。**
⑦ 口から息をはき出します。（20 秒）

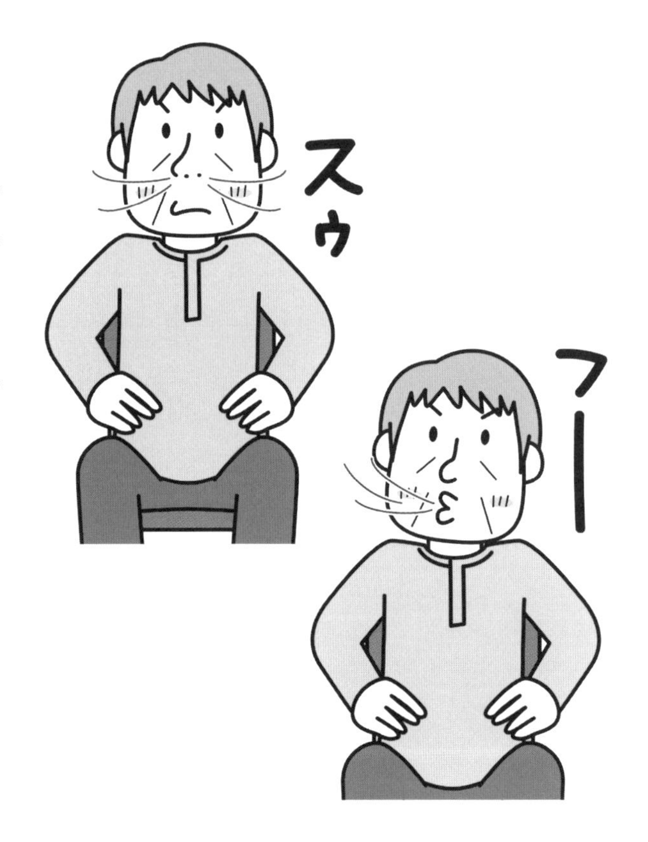

支援者におススメの言葉がけ！

「息を吸う」より，⑥「真上に吸い上げるようにします」と言いましょう！

8 かかと押し出し

片足を前に出してかかとを遠くへ押し出す体操です。

ねらいときさめ 足のリラックス　脚裏のストレッチ　足首の柔軟性維持

すすめかた

① 椅子に浅く腰かけます。
② 足を腰幅にひらきます。
③ 両手でイスを軽く押さえます。
④ 片足を一歩前に出します。
⑤ **かかとを遠くへ押し出します。**
⑥ さらにあともう５センチ！
⑦ 声を出して５つかぞえます。
⑧ 一休みしてから反対の足も。

支援者におススメの言葉がけ！

「ひざを伸ばします」より，⑤「かかとを遠くへ押し出します」と言いましょう！

⑨ 背・胸ストレッチ

胸を張ったり背中を丸めたりする体操です。

ねらいときkめ　背・胸のストレッチ　柔軟性維持　背筋力維持

すすめかた

① 足を肩幅にひらきます。
② 両手を腰に置きます。
③ 胸を張ります。
④ **出来る限り胸を前に突き出します。**
⑤ 声を出して５つかぞえます。
⑥ 背中を丸めます。
⑦ 出来る限り背中を後ろへ突き出します。
⑧ 元気に声を出して５つかぞえます。

支援者におススメの言葉がけ！

④「出来る限り胸を前に突き出します」と言うことで，胸がひらきます。

⑩ 腕・肩回し

腕・肩を前から後ろへ回す体操です。

ねらいとききめ 肩の柔軟性維持 肩こり予防 肩甲骨のストレッチ

すすめかた

① 足を肩幅にひらきます。
② 胸を張ります。
③ 両手を前に伸ばします。
④ 腕を前から後ろへ回します。(4回)
⑤ **ひじで円を描くように。**
⑥ 慣れてきたら，徐々に大きくします。

支援者におススメの言葉がけ！

「肩を回す」より，⑤「ひじで円を描くように」と言いましょう！

この本に「支援者におススメの言葉がけ！」がある理由

それは，**体は口に出した言葉のとおりになる**からです！

あるヨガ教室でのことです。

先生の言った一言で，ぼくの全身の力が一気に抜けました。

その一言とは，

「体が床に沈み込むようにリラックスしましょう」（仰向けの状態）

「力を抜きましょう」と言うよりも，ぼくには絶大な効果でした。

体って思ったとおりになるんだ！

だから，言葉がけが重要なんだ！

このときに確信しました。

だから，この本には「支援者におススメの言葉がけ！」があります。

シニアご本人が体操するときは，「支援者におススメの言葉がけ！」がポイントです。

ここを強く意識してください。

⑪ こんにゃくのポーズ

足を肩幅にひらいて胸と頭を真横に傾ける体操です。

ねらいとききめ 首と体側のストレッチ　バランス感覚体感　柔軟性維持

すすめかた

① 足を肩幅にひらきます。
② 両腕は体の横でダラーんとします。
③ **体を少し真横に倒します。**
④ 声を出して５つかぞえます。
⑤ ゆっくりと戻します。
⑥ 反対側もどうぞ。

支援者におススメの言葉がけ！

「横に倒します」より，③「体を少し真横に倒します」と言いましょう！

⑫ スローなグーパー

出来る限りゆっくりていねいにグーパーする体操です。

ねらいとききめ　手先の器用さ維持　集中力アップ　指の屈伸維持

すすめかた

① 足を肩幅にひらきます。
② 両手を前に出します。
③ **全部の指を出来る限りゆっくりと握ります。**
④ 全部の指を出来る限りゆっくりとひらきます。
⑤ ③と④を４回ずつしましょう！

支援者におススメの言葉がけ！

「ゆっくりと握ります」より，③「全部の指を出来る限りゆっくりと握ります」と言いましょう！

⑬ 肩たたき体操

肩まわりをたたいてほぐす体操です。

ねらいときききめ 肩こり予防　リラックス　血行促進

すすめかた

① 足を肩幅にひらきます。

② 右手で左肩を軽くたたきます。

③ 首の付け根を軽くたたきます。

④ **気持ちの良いところは念入りにします。**

⑤ 反対も忘れずにどうぞ！

支援者におススメの言葉がけ！

④「気持ちの良いところは念入りにします」と言うことで，感覚に意識を集中します。

⑭ 手指のマッサージ

指と手のひらを指圧する体操です。

ねらいときき目　手指の血行促進　手指の器用さ維持　手指の感覚維持

すすめかた

① 人差し指と親指で反対の親指をつまみます。

② 親指を指圧します。

③ 指先から付け根までまんべんなくします。

④ **気持ちの良いところは念入りにします。**

⑤ 他の指も同様にします。

⑥ 手のひらを指圧しておわります。

⑦ 反対の手もどうぞ。

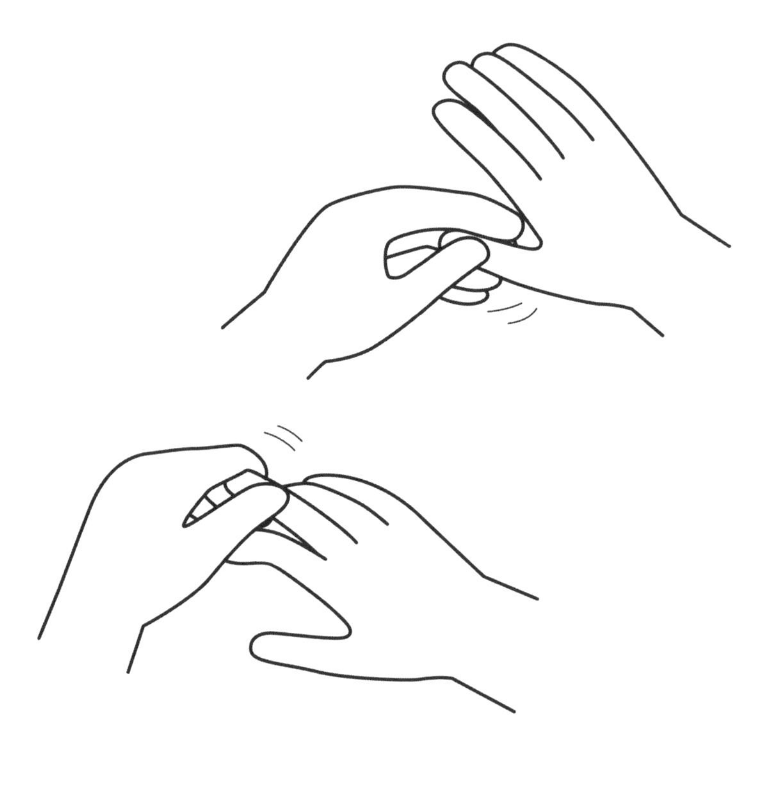

支援者におススメの言葉がけ！

④「気持ちの良いところは念入りにします」と言うことで，指圧される指の感覚に意識を集中します。

⑮ 手指ぶらぶら

手指をぶらぶらする体操です。

ねらいとききめ 手首の柔軟性維持 / 手指の血行促進 / 疲労回復

すすめかた

① 足を肩幅にひらきます。
② 両手を前に伸ばします。
③ 手指をダラーんとします。
④ 手指を前後にぶらぶらします。
⑤ 左右にぶらぶらします。
⑥ ④と⑤を何度か繰り返します。
⑦ 徐々に出来る限り小刻みにしましょう！

支援者におススメの言葉がけ！

③「手指をダラーんとします」と言うことで，手と腕が脱力します。

⑯ 脱力のポーズ

強弱をつけて肩の上げ下げをする体操です。

ねらいときき め 肩こり予防 リラックス 疲労回復

すすめかた

① 足を肩幅にひらきます。
② 胸を張ります。
③ 肩をぎゅっと持ち上げます。
④ 出来る限り力強くします。
⑤ そこから肩を一気に落とします。
⑥ **体の横で手と腕をダラーんとします。(4回)**

支援者におススメの言葉がけ!

⑥「手と腕をダラーんとします」と言うことで,肩と腕が脱力します。

17 頭たおし（横）

背筋をピンとして頭を真横に倒す体操です。

ねらいとききめ 首のストレッチ　肩こり予防　疲労回復

すすめかた

① 足を肩幅にひらきます。
② 背筋をピンと伸ばします。
③ 両手を後ろにして，手と手をつかみます。
④ **頭の重みだけで，頭を真横に倒します。**
⑤ 声を出して５つかぞえます。
⑥ ゆっくり戻して反対も。

支援者におススメの言葉がけ！

④「頭の重みだけで，頭を真横に倒します」と言うことで，首が脱力します。

⑱ 頭たおし（前）

胸を張って頭を前に倒す体操です。

ねらいときききめ　首（後ろ）のストレッチ　肩こり予防　疲労回復

すすめかた

① 足を肩幅にひらきます。
② 胸を張ります。
③ 両手を後ろにして，手と手をつかみます。
④ **頭の重みだけで，ゆっくりと頭を前に倒します。**
⑤ 背中が丸まらないように注意。
⑥ 声を出して５つかぞえます。

支援者におススメの言葉がけ！

④「頭の重みだけで，ゆっくりと頭を前に倒します」と言うことで，首と肩が脱力します。

⑲ 目のマッサージ

目の周りを指圧する体操です。

ねらいとききめ 目の疲労回復 血行促進 いい気分

すすめかた

① 静かに目を閉じます。
② 両手を顔に置きます。
③ 目の周りを指圧します。
④ 目の周りの骨に沿って指圧します。
⑤ **気持ちの良いところは念入りに。**
⑥ 静かに目をあけて終わります。

支援者におススメの言葉がけ！

⑤「気持ちの良いところは念入りに」と言うことで，目の周りに意識を集中します。

20 瞑想(めいそう)のポーズ

静かに目を閉じて呼吸に集中する体操です。

ねらいとききめ 深呼吸 集中力アップ 気分リセット

すすめかた

① 足を肩幅にひらきます。
② 胸を張ります。
③ 両手をひざの上に置きます。
④ **手のひらを上にします。**
⑤ 静かに目を閉じます。
⑥ 鼻から息を吸い込んで，口からはき出します。
⑦ 何度か繰り返します。

支援者におススメの言葉がけ！

④「手のひらを上にします」と言うことで，腕と肩が脱力します。

「一回の説明で動作はひとつだけ」の理由

それは，**シニアに出来る限りわかりやすくするため**です。

シニアと言っても，自立から要介護まで心身レベルに著しい差があります。

ぼくが体操をするときは，

要介護レベルの方に合わせて，ゆっくりと，ていねいに。

を心掛けます。

例えば，「胸を張って，両手を上げます」でなく，「胸を張ります」と言って，その動作を確かめた後に，「両手を上げます」と言います。

それぐらい，ゆっくり，ていねいにします。

要介護レベルの方にやさしいということは，他のシニアにもやさしいということなのです。

21 両足全開のポーズ

足とひざを出来る限りひらく体操です。

ねらいとききめ　股関節（こかんせつ）の柔軟性維持　脚（内側）のストレッチ

すすめかた

① 椅子に浅く腰かけます。

② 両手をひざに置きます。

③ **足とひざを出来る限りひらきます。**

④ ひらく動作をゆっくりとていねいに。

⑤ 元気に声を出して５つかぞえます。

支援者におススメの言葉がけ！

「足をひらきます」より，③「足とひざを出来る限りひらきます」と言いましょう！

㉒ 手を上げて

足を肩幅にひらいて肩と腕を真上へ持ち上げる体操です。

ねらいときき め　体側のストレッチ　肩の柔軟性維持　肩・腕のストレッチ

すすめかた

① 足を肩幅にひらきます。
② 胸を張ります。
③ 片手を上げます。
④ **肩と腕を真上へ持ち上げます。**
⑤ 声を出して５つかぞえます。
⑥ 一休みしてから反対も。

支援者におススメの言葉がけ！

④「肩と腕を真上へ持ち上げます」と言うことで，体側が連動します。

㉓ ワルツのステップ

足をいち，にい，さんのリズムで動かす体操です。

ねらいとききめ　リズム感覚体感　転倒予防　歩行感覚維持

すすめかた

① 足を閉じます。
② 両手を腰に置きます。
③ 胸を張ります。
④ 「いち」で片足を前に。
⑤ 「に」で横に。
⑥ 「さん」で戻します。
⑦ **「いち，にい，さん」と声を出してします。**
⑧ 反対も同様に。（左右 2 回ずつ）

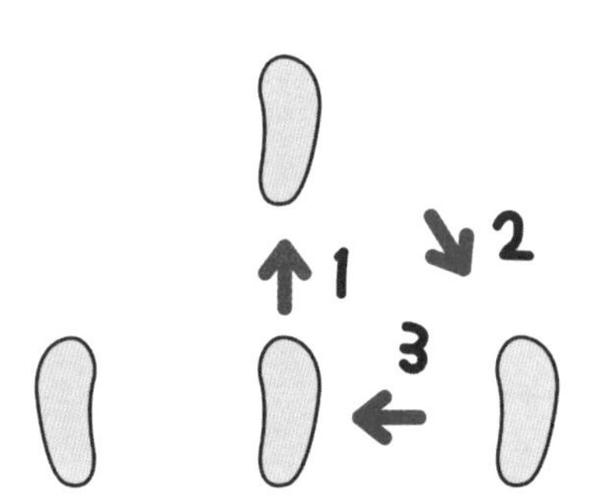

支援者におススメの言葉がけ！

⑦「『いち，にい，さん』と声を出してします」と言うことで，リズム感がよくなります。

24 弓矢のポーズ

両手・腕を前に伸ばしてひじを真後ろに引く体操です。

ねらいとききめ 体側のストレッチ 肩腕のストレッチ 血行促進

すすめかた

① 足を肩幅にひらきます。
② 両手を前に伸ばします。
③ **弓矢を引くようにして，右ひじを真後ろに引きます。**
④ 顔は正面。胸は真横。
⑤ そのままで胸を張ります。
⑥ 元気に声を出して５つかぞえます。
⑦ 一休みしてから反対側も。

支援者におススメの言葉がけ！

「ひじを引きます」より，③「ひじを真後ろに引きます」と言いましょう！

㉕ つま先アップ！

つま先を出来る限り上に持ち上げる体操です。

ねらいときゝめ　足首の柔軟性維持　脚筋力強化　転倒予防

すすめかた

① 足を腰幅にひらきます。
② 両手をひざに置きます。
③ ひざの真下にかかとを置きます。
④ 両足のつま先を上げます。
⑤ **つま先を出来る限り上に持ち上げます。**
⑥ 声を出して５つかぞえます。

支援者におススメの言葉がけ！

⑤「つま先を出来る限り上に持ち上げます」と言うことで，足のすねがパワーアップします！

26 閉眼(へいがん)片足立ち

目を閉じて一本足のかかしのポーズをする体操です。

ねらいときさめ　バランス感覚体感　集中力アップ　気分リセット

すすめかた

① 足とひざを閉じます。
② 胸を張ります。
③ 両手を横にひらきます。
④ 手のひらを下にします。
⑤ **片足を５センチ上に持ち上げます。**
⑥ 静かに目を閉じます。
⑦ 心の中で５つかぞえます。
⑧ 一休みしてから反対も。

支援者におススメの言葉がけ！

「片足を少し持ち上げます」より，⑤「片足を５センチ上に持ち上げます」と言いましょう！

27 最強のポーズ

胸を前に突き出して手を横にひらく体操です。

ねらいときき目 胸のストレッチ 姿勢保持 肩の柔軟性維持

すすめかた

① 足を肩幅にひらきます。
② 両手を横にひらきます。
③ 手のひらを上にします。
④ 胸を張ります。
⑤ **胸を前に突き出します。**
⑥ そのままで元気に声を出して５つかぞえます。

支援者におススメの言葉がけ！

④「胸を張ります」のあとに，⑤「胸を前に突き出します」と言いましょう！

28 最高にいい顔で！

目をあけると最高にいい顔になる体操です。

ねらいとききめ 姿勢保持 意欲増進 気分リセット

すすめかた

① 足を肩幅にひらきます。
② 胸を張ります。
③ 両手をひざの上に置きます。
④ 静かに目を閉じます。
⑤ 深呼吸を3回します。
⑥ 静かに目をあけます。
⑦ **自分の中で最高にいい顔で目をあけます！**

支援者におススメの言葉がけ！

「いい顔で目をあけます」より，⑦「自分の中で最高にいい顔で目をあけます！」と言いましょう！

29 三角のポーズ

両手を頭の上で合わせて胸を張る体操です。

ねらいとききめ 胸のストレッチ 肩の柔軟性維持 姿勢保持

すすめかた

① 足を肩幅より少し広くひらきます。
② 両手を頭の上で合わせます。
③ ひじを伸ばします。
④ 胸を張ります。
⑤ **胸を前に突き出します。**
⑥ 声を出して５つかぞえます。

支援者におススメの言葉がけ！

⑤「胸を前に突き出します」と言うことで，胸が大きく開きます。

30 きのこのポーズ

両手を頭に置いて胸を張る体操です。

ねらいとききめ 胸のストレッチ 肩の柔軟性維持 姿勢保持

すすめかた

① 足を肩幅にひらきます。
② 両手を頭の上に置きます。
③ 胸を張ります。
④ **ひじを５センチ後ろに引きます。**
⑤ 元気に声を出して５つかぞえます。

支援者におススメの言葉がけ！

「ひじを少し後ろに引きます」より，④「ひじを５センチ後ろに引きます」と言いましょう！

31 水平線のポーズ

目を閉じて手・腕を床と平行に保つ体操です。

ねらいときき目 バランス感覚維持 / 集中力アップ / リラックス

すすめかた

① 足を肩幅にひらきます。
② 胸を張ります。
③ 静かに目を閉じます。
④ 両手を横にひらきます。
⑤ 手のひらを下にします。
⑥ **手・腕が床と平行になるようにします。**
⑦ 心の中で 10 かぞえます。

支援者におススメの言葉がけ！

⑥「手・腕が床と平行になるようにします」と言うことで，バランス感覚が働きます。

32 折り<ruby>たたみ股関節</ruby>

こ かん せつ

㉜ 折りたたみ股関節

胸を張って上半身を前に倒す体操です。

ねらいとききめ　股関節の柔軟性維持　腰痛予防

すすめかた

① 足を肩幅にひらきます。
② 両手を腰に置きます。
③ 胸を張ります。
④ そのままで上体を前に倒します。
⑤ 背中が丸まらないように注意して。
⑥ **元気に声を出して５つかぞえます。**

支援者におススメの言葉がけ！

⑥「元気に声を出して５つかぞえます」と言うことで，自然に息をはき出します。

33 かかとアップ！

かかとを出来る限り上に持ち上げる体操です。

ねらいときさめ 足首の柔軟性維持　脚筋力強化　転倒予防

すすめかた

①　足を腰幅にひらきます。

②　両手をひざに置きます。

③　ひざの真下にかかとを置きます。

④　両足のかかとを上げます。

⑤　**かかとを出来る限り上に持ち上げます。**

⑥　声を出して５つかぞえます。

支援者におススメの言葉がけ！

「かかとを上げます」より，⑤「かかとを出来る限り上に持ち上げます」と言いましょう！

34 足首回し

足の親指で「の」の字を書くように足首を動かす体操です。

ねらいとききめ 足首の柔軟性維持 転倒予防 足指の器用さ維持

すすめかた

① 足を肩幅にひらきます。
② 片足を前に伸ばします。
③ **足の親指で「の」の字を書きます。(5回)**
④ かかとはつけたままで。
⑤ 慣れてきたら徐々に大きくして。
⑥ 反対の足も忘れずに。

支援者におススメの言葉がけ!

「つま先で『の』の字を書きます」より，③「足の親指で『の』の字を書きます」と言いましょう！

35 お尻ストレッチ

足を組んで胸を真上へ持ち上げる体操です。

ねらいとききめ　臀筋(でんきん)のストレッチ　腰痛予防　姿勢保持

すすめかた

① 足とひざを閉じます。
② 片足を上にして足を組みます。
③ 難しいときは足をクロスするだけでもオッケー。
④ 両手をひざの上に置きます。
⑤ 胸を張ります。
⑥ **胸を真上に持ち上げます。**
⑦ 元気に声を出して５つかぞえます。
⑧ 逆側も忘れずにどうぞ。

支援者におススメの言葉がけ！

⑤「胸を張ります」のあとに，⑥「胸を真上に持ち上げます」と言いましょう！

㊱ 腕・肩押し出し

両手を前に伸ばして腕・肩を前に押し出す体操です。

ねらいとききめ　肩甲骨の柔軟性維持　肩と腕のストレッチ

すすめかた

① 足を腰幅にひらきます。
② 両手を前に伸ばします。
③ 手のひらを下にします。
④ 両方の腕と肩を同じ高さにします。
⑤ **腕と肩を遠くへ押し出します。**
⑥ 声を出して５つかぞえます。

支援者におススメの言葉がけ！

「両手を前に出します」より，⑤「腕と肩を遠くへ押し出します」と言いましょう！

37 とじて足ぶみ

つまさきを閉じて足ぶみする体操です。

ねらいとききめ　腰痛予防　足腰強化　股関節柔軟性維持

すすめかた

① 足を閉じます。
② かかとだけをひらきます。
③ **胸を張ります。**
④ そのままで足ぶみをします。
（8歩）

支援者におススメの言葉がけ！

③「胸を張ります」と言うことで，足腰の力がアップします。

㊳ ひらいて足ぶみ

つま先を外にひらいて足ぶみする体操です。

ねらいとききめ 腰痛予防 足腰強化 股関節柔軟性維持

すすめかた

① 足とひざを閉じます。

② つま先をひらきます。

③ **背筋をピンと伸ばします。**

④ そのままで足ぶみをします。
（8歩）

支援者におススメの言葉がけ！

「背筋を伸ばします」より，③「背筋をピンと伸ばします」と言いましょう！

39 最伸のパー

全部の指を出来る限りひらいて，指先までピンと伸ばす体操です。

ねらいとききめ　手の器用さ維持　手の血行促進　指先の力アップ

すすめかた

① 足を肩幅にひらきます。
② 胸を張ります。
③ 両手を前に出します。
④ **全部の指を出来る限りひらき，指をピンと伸ばします。**
⑤ 声を出して５つかぞえます。

支援者におススメの言葉がけ！

「指をひらきます」より，④「全部の指を出来る限りひらき，指をピンと伸ばします」と言いましょう！

40 全開のチョキ

人差し指と中指を出来る限りひらく体操です。

ねらいとききめ 指先のストレッチ　手指の巧緻性維持　指先の力アップ

すすめかた

① 足を肩幅にひらきます。
② 人差し指と中指を伸ばします。
③ **人差し指と中指を出来る限りひらきます。**
④ 指の付け根から動かします。
⑤ 元気に声を出して５つかぞえます。
⑥ 一休みしてから反対も。

支援者におススメの言葉がけ！

「チョキにします」より，③「人差し指と中指を出来る限りひらきます」と言いましょう！

㊶ 渾身（こんしん）のグー

渾身の力を込めて手を握る体操です。

ねらいとききめ　握力アップ　手の血行促進　筋力アップ

すすめかた

① 足を肩幅にひらきます。

② 胸を張ります。

③ 両手を前に出します。

④ 両手をグーにします。

⑤ **出来る限り力強く握ります。**

⑥ そのままで声を出して５つかぞえます。

支援者におススメの言葉がけ！

「強く握ります」より，⑤「出来る限り力強く握ります」と言いましょう！

42 バンザイのポーズ

胸を張って，腕を上に持ち上げる体操です。

ねらいとききめ　肩・腕のストレッチ　姿勢保持　指先の力アップ

すすめかた

① 足を肩幅にひらきます。
② 胸を張ります。
③ **腕を上に持ち上げます。**
④ 全部の指を出来る限りひらきます。
⑤ あごを上げて視線を上にします。
⑥ そのままで深呼吸します。(20 秒)

支援者におススメの言葉がけ！

②「胸を張ります」のあとに，③「腕を上に持ち上げます」と言いましょう！

㊸ 遠くで拍手

両手を横にひらいて出来る限り遠く（前）で手をたたく体操です。

ねらいとききめ　腕・肩のストレッチ　手指の血行促進　集中力アップ

すすめかた

① 足を肩幅にひらきます。
② 胸を張ります。
③ 両手を横にひらきます。
④ 前で手をたたきます。
⑤ **出来る限り体から遠く（前）でします。**
⑥ 「パチン！」といい音が出たら最高です！（4回）

支援者におススメの言葉がけ！

⑤「出来る限り体から遠くでします」と言うことで，肩と腕が連動します。

44 ひざ押して

ひざとひざを押し合う体操です。

ねらいとききめ　足腰強化　転倒予防　脚筋力アップ

すすめかた

① 足とひざをとじます。
② 両手をひざに置きます。
③ 胸を張ります。
④ ひざとひざを押し合います。
⑤ **元気に声を出して５つかぞえます。**

支援者におススメの言葉がけ！

⑤「元気に声を出して５つかぞえます」と言うことで，自然に息をはき出します。

45 階段登行（とうこう）

階段を登るイメージを働かせながら足ぶみする体操です。

ねらいとききめ　足腰強化　歩行感覚の維持　イメージ力アップ

すすめかた

① 足を腰幅にひらきます。
② 足ぶみします。
③ **階段を一段一段登るイメージでします。**
④ 一歩一歩ゆっくりとていねいに。
⑤ あともう一息。
⑥ 10 段でおしまいです！
⑦ 一休みしてからもう一度。

支援者におススメの言葉がけ！

③「階段を一段一段登るイメージでします」と言うことで，想像力が働きます。

46 ひざ伸ばし

片足を前に伸ばして太ももに集中する体操です。

ねらいとききめ　足腰強化　転倒予防　脚筋力アップ

すすめかた

① 足とひざを腰幅にひらきます。
② 背筋をピンと伸ばします。
③ 両手を腰に置きます。
④ 片足を前に伸ばします。
⑤ **出来る限りひざが真っすぐになるように。**
⑥ 声を出して５つかぞえます。
⑦ 一休みしてから反対も。

支援者におススメの言葉がけ！

⑤「出来る限りひざが真っすぐになるように」と言うことで，ひざに意識が集中します。

㊼ 指綱引き

指きりで軽く指を引っ張る体操です。

ねらいとききめ　指のストレッチ　手先の器用さ維持　指先の力強化

すすめかた

① ひとりで指きりします。
② 小指同士でします。
③ 指と指を軽く引っ張ります。
④ **ひじと手の高さを同じぐらいに。**
⑤ 何度か繰り返します。
⑥ 薬指，中指，人差し指，親指も同様にします。

支援者におススメの言葉がけ！

④「ひじと手の高さを同じぐらいに」と言うことで，腕，肩，胸が連動します。

48 大地のポーズ

足をひらいて足裏全体で床を押さえる体操です。

ねらいとききめ 足裏感覚の維持 足腰強化 姿勢保持

すすめかた

① 足を肩幅より少し広くひらきます。
② 胸を張ります。
③ 両手をひざの上に置きます。
④ 足裏で床を押します。
⑤ **足裏全体で床を押し込むように。**
⑥ 元気に声を出して５つかぞえます。

支援者におススメの言葉がけ！

⑤「足裏全体で床を押し込むように」と言うことで，足腰に力が入ります。

㊾ スローな足ぶみ

足裏に全神経を集中して静かに足ぶみする体操です。

ねらいとききめ　足腰強化　足裏感覚の維持　歩行感覚の維持

すすめかた

① 足を腰幅にひらきます。
② 足ぶみをします。(8 歩)
③ **足音を立てないように静かに動かします。**
④ 足裏に全神経を集中します。
⑤ 声を出して8かぞえます。
⑥ 一休みしてからもう一度どうぞ！

支援者におススメの言葉がけ！

③「足音を立てないように静かに動かします」と言うことで，足裏に意識を集中します。

50 腹筋のポーズ

手でへその下を押しながら腹圧(ふくあつ)で押し返す体操です。

ねらいとききめ 姿勢保持 腹筋強化

すすめかた

① 足を肩幅にひらきます。
② 胸を張ります。
③ 両手をへその少し下に置きます。
④ そこを軽く押します。
⑤ **腹圧で手を押し返すようにします。**
⑥ 声を出して５つかぞえます。

支援者におススメの言葉がけ！

⑤「腹圧で手を押し返すようにします」と言うことで，自然に呼吸をします。

おわりに

健康よりも幸せのために体操をしたい

「病気の人は幸せではないと思いますか？」

ある人に，こう質問されたことがあります。

「病気になったら，絶対幸せじゃない！」

そう思ってました。

でも，健康だからと言って幸せ，とは限りません。

ということは，

病気だからと言って幸せでない，とも限らないのでは？

よく「健康が一番」と言います。

健康のために体操をします。

でも，健康だからと言って幸せとは限らない。

ならば，こう思います。

健康のためだけに体操するのでなく，幸せになるために体操をしたい。

令和 2 年 5 月 10 日

ムーヴメントクリエイター　斎藤道雄

著者紹介

●斎藤道雄

体操講師，ムーヴメントクリエイター。

クオリティ・オブ・ライフ・ラボラトリー主宰。

自立から要介護シニアまでを対象とした体操支援のプロ・インストラクター。

体力，気力が低下しがちな要介護シニアにこそ，集団運動のプロ・インストラクターが必要と考え，運動の専門家を数多くの施設へ派遣。

「お年寄りのふだん見られない笑顔が見られて感動した」など，シニアご本人だけでなく，現場スタッフからも高い評価を得ている。

[お請けしている仕事]

○体操教師派遣（介護施設，幼稚園ほか）　○講演　○研修会　○人材育成　○執筆

[体操支援・おもな依頼先]

○養護老人ホーム長安寮
○有料老人ホーム敬老園（八千代台，東船橋，浜野）
○淑徳共生苑（特別養護老人ホーム，デイサービス）ほか

[講演・人材育成・おもな依頼先]

○世田谷区社会福祉事業団
○セントケア・ホールディングス（株）
○（株）オンアンドオン（リハビリ・デイたんぽぽ）ほか

[おもな著書]

○『シニアの爆笑あてっこ・まねっこジェスチャー体操』
○『新装版　要支援・要介護の人もいっしょに楽しめるゲーム＆体操』
○『新装版　虚弱なシニアでもできる楽しいアクティビティ 32』
○『少人数で盛り上がるシニアの 1，2 分体操＆ゲーム 50』
○『椅子に腰かけたままでできるシニアのための脳トレ体操＆ストレッチ体操』
○『目の不自由な人も耳の不自由な人もいっしょに楽しめるかんたん体操 25』
○『介護レベルのシニアでも超楽しくできる　声出し！　お祭り体操』
○『介護スタッフのためのシニアの心と体によい言葉がけ 5 つの鉄則』
○『要介護シニアも大満足！　3 分間ちょこっとレク 57』
○『車いすや寝たきりの人でも楽しめるシニアの 1 ～ 2 分間ミニレク 52』
○『1,2 分でできるシニアの手・足・指体操 61』
○『椅子に座ってできるシニアの 1,2 分間筋トレ体操 55』
○『1,2 分でできる！　シニアにウケる爆笑体操 44』（以上，黎明書房）

[お問い合わせ]

ブログ「みちお先生のお笑い介護予防体操！」: http://qollab.seesaa.net/
メール： qollab.saitoh@gmail.com

＊イラスト・さややん。

シニアの1，2分間運動不足解消体操 50

2020 年 9 月 10 日　初版発行

著　者　斎藤道雄
発行者　武馬久仁裕
印　刷　藤原印刷株式会社
製　本　協栄製本工業株式会社

発行所　株式会社 黎明書房

〒460-0002　名古屋市中区丸の内 3-6-27　EBS ビル　☎ 052-962-3045
FAX 052-951-9065　振替・00880-1-59001
〒101-0047　東京連絡所・千代田区内神田 1-4-9　松苗ビル 4 階
☎ 03-3268-3470

落丁本・乱丁本はお取替します。　ISBN978-4-654-07677-2

**シニアの爆笑あてっこ・まねっこ
ジェスチャー体操**

斎藤道雄著　B5・63頁　1650円

簡単，短時間，準備不要！　そんな，三拍子そろった，スタッフもシニアも笑顔になれるジェスチャー体操50種を公開。1人で出来る体操から元気に体を動かす体操まで，様々な場面で活用できます。2色刷。

**少人数で盛り上がるシニアの
1，2分体操＆ゲーム50**

斎藤道雄著　B5・63頁　1650円

「少人数」「1，2分」「準備なし，道具不要」の3拍子そろった体操＆ゲームを各25種紹介。シニアが楽しく身体と頭を動かして元気に遊べる体操＆ゲームです。待ち時間に活用できます。2色刷。

**椅子に座ってできるシニアの
1，2分間筋トレ×（カケル）脳トレ体操51**

斎藤道雄著　B5・64頁　1650円

右手と左手で違う動きを同時にしたり，口で「パー」と言いながら手は「グー」を出したり……，筋トレと脳トレがいっしょにできる体操を51種紹介。2色刷。

**1，2分でできる！
シニアにウケる爆笑体操44**

斎藤道雄著　B5・70頁　1650円

笑って体を動かせばますます元気に！　道具も要らず座ってできる手・指・顔・足等を使った44の爆笑体操を，図を交えて紹介。スタッフのための爆笑体操の成功のワザも収録。2色刷。

**椅子に座ってできる
シニアの1，2分間筋トレ体操55**

斎藤道雄著　B5・68頁　1650円

ちょっとした空き時間に，椅子に腰かけてでき，道具も不要で，誰もが楽しめる筋トレ体操を55種収録。よい姿勢を保つ力，歩く力等がつくなど，生活に不可欠な力をつける体操が満載。2色刷。

**1，2分でできる
シニアの手・足・指体操61**

斎藤道雄著　B5・72頁　1700円

いつでも，どこでも，誰にでも，手軽にできて，運動効果抜群！　の手と足と指をメインにした体操を61種収録。現場スタッフのための体操の声掛けのコツ，体操を盛り上げるポイント付き。2色刷。

新装版　要支援・要介護の人もいっしょに楽しめるゲーム＆体操

斎藤道雄著　B5・90頁　1700円

いっせいに同じ体操をするのではなく，1人ひとりに合うように少しやり方を変えるだけで，参加者の誰もが満足。『要支援・要介護の人もいっしょに楽しめるゲーム＆体操』を新装・大判化。

**新装版　虚弱なシニアでもできる
楽しいアクティビティ32**

斎藤道雄著　B5・92頁　1700円

大きな運動が難しい，虚弱なシニア向けの，身体の活動を促すかんたんアクティビティを32種類紹介。『特養でもできる楽しいアクティビティ32』を改題，新装・大判化。

**椅子に腰かけたままでできるシニアのための
脳トレ体操＆ストレッチ体操**

斎藤道雄著　B5・62頁　1650円

頭を使いながら体もいっしょに動かす脳トレ体操と，頭からつま先まで効果のあるストレッチ体操を組み合わせた6つのメニューを紹介。脳トレで笑って，ストレッチで体をほぐそう。2色刷。

表示価格は本体価格です。別途消費税がかかります。

■ホームページでは，新刊案内など，小社刊行物の詳細な情報を提供しております。「総合目録」もダウンロードできます。
http://www.reimei-shobo.com/